法治政府建设与责任落实督察工作规定

法 律 出 版 社

图书在版编目(CIP)数据

法治政府建设与责任落实督察工作规定. -- 北京 :
法律出版社, 2019
ISBN 978-7-5197-3475-6

Ⅰ. ①法… Ⅱ. Ⅲ. ①社会主义法治-研究-中国
Ⅳ. ①D920.0

中国版本图书馆 CIP 数据核字(2019)第 086166 号

法治政府建设与责任落实督察工作规定
FAZHI ZHENGFU JIANSHE YU ZEREN LUOSHI DUCHA GONGZUO GUIDING

出版 法律出版社
总发行 中国法律图书有限公司
经销 新华书店
印刷 三河市兴达印务有限公司
责任印制 吕亚莉
编辑统筹 法规出版分社
开本 850 毫米×1168 毫米 1/32
印张 0.75 **字数** 8 千
版本 2019 年 5 月第 1 版
印次 2019 年 5 月第 1 次印刷

法律出版社/北京市丰台区莲花池西里 7 号(100073)
网址/www.lawpress.com.cn
投稿邮箱/info@lawpress.com.cn
举报维权邮箱/jbwq@lawpress.com.cn
销售热线/010-83938336
咨询电话/010-63939796

中国法律图书有限公司/北京市丰台区莲花池西里 7 号(100073)
全国各地中法图分、子公司销售电话:
统一销售客服/400-660-6393
第一法律书店/010-83938334/8335
重庆分公司/023-67453036
深圳分公司/0755-83072995
西安分公司/029-85330678
上海分公司/021-62071639/1636

书号:ISBN 978-7-5197-3475-6 **定价**:4.00 元
(如有缺页或倒装,中国法律图书有限公司负责退换)

目　　录

中共中央办公厅　国务院办公厅关于印发《法治政府建设与责任落实督察工作规定》的通知

各省、自治区、直辖市党委和人民政府，中央和国家机关各部委，解放军各大单位、中央军委机关各部门，各人民团体：

《法治政府建设与责任落实督察工作规定》已经中央领导同志同意，现印发给你们，请认真遵照执行。

中共中央办公厅

国 务 院 办 公 厅

2019 年 4 月 15 日

法治政府建设与责任落实督察工作规定

第一章 总 则

第一条 为了加强党对法治政府建设的集中统一领导，充分发挥督察工作对法治政府建设与责任落实的督促推动作用，根据《中共中央关于全面推进依法治国若干重大问题的决定》、《法治政府建设实施纲要（2015—2020年）》和其他有关规定，制定本规定。

第二条 法治政府建设与责任落实督察工作（以下简称督察工作）坚持以习近平新时代中国特色社会主义思想为指导，增强“四个意识”，坚定“四个自信”，做到“两个维护”，紧紧围绕建设中国特色社会主义法治体系、建设社会主义法治国家的总目标，坚持党的领导、人民当家作主、依法治国有机统一，坚持依宪施政、依法行政，坚持问题导向、真督实察、逐层传导、强化问责，努力形成从党政主要负责人到其他领导干部直至全体党政机关工作人员的闭环责任体系，保证党中央、国务院关于法治政府建设的决策部署落到实处，不断把法治政府建设向纵深推进。

第三条 本规定适用于对地方各级党委和政府、县级以上政府部门推进法治政府建设与责任落实情况的督察工作。

第四条 督察工作坚持以下原则：

（一）服务大局、突出重点。根据党和国家中心任务和重点工作部署督察工作，使法治政府建设始终在大局下推进、处处为大局服务。

（二）依法依规、实事求是。严格遵循有关规定开展督察，深入一线、聚焦问题，什么问题突出就督察什么问题，不做表面文章，对不同地区、不同层级的督察因地制宜，不搞上下一般粗。

（三）以督促干、注重实效。综合运用多种督察方式，既督任务、督进度、督成效，也察认识、察责任、察作风，把法治政府建设的任务落实、责任压实、效果抓实。

（四）控制总量、计划管理。贯彻落实党中央关于统筹规范督查检查考核工作的要求，增强督察工作的权威性、科学性、针对性、有效性，不搞层层加码、不增加基层不必要的工作负担。

第五条 中央全面依法治国委员会办公室组织开展对各省（自治区、直辖市）和国务院各部门法治政府建设与责任落实情况的督察工作。

地方各级党委法治建设议事协调机构的办事机构组织开展对本地区法治政府建设与责任落实情况的督察工作。

中央全面依法治国委员会办公室、地方各级党委法治建设议事协调机构的办事机构在本规定中统称"督察单位"。

第二章 督察对象和内容

第六条 地方各级党委履行推进本地区法治建设领导职责。地方各级政府和县级以上政府部门履行推进本地区、本部门法治政府建设主体职责。地方各级政府以及政府部门的党组织领导和监督本单位做好法治政府建设工作。

地方党政主要负责人履行推进法治建设第一责任人职责，将建设法治政府摆在工作全局的重要位置；地方各级党政领导班子其他成员在其分管工作范围内履行推进法治政府建设职责。

第七条 对地方各级党委履行推进本地区法治建设领导职责，加强法治政府建设，主要督察以下工作：

（一）认真学习贯彻习近平新时代中国特色社会主义思想，全面落实党中央、国务院关于法治政府建设的决策部署，充分发挥党委在推进本地区法治政府建设中的领导作用，及时研究解决有关重大问题，每年专题听取上一年度本地区法治政府建设情况汇报；

（二）将法治政府建设纳入本地区经济社会发展总体规划和年度工作计划，与经济社会发展同部署、同推进、同督促、同考核、同奖惩，把法治政府建设成效作为衡量下级党政领导班子及其主要负责人推进法治建设工作实绩的重要内容，纳入政绩考核指标体系；

（三）自觉运用法治思维和法治方式深化改革、推动发展、化解矛盾、维护稳定，指导本级政府推进法治政府建设工作，支持本级人大、政协、法院、检察院对政府依法行政工作加强监督；

（四）坚持重视法治素养和法治能力的用人导向，把遵守法律、依法办事情况作为考察干部的重要内容，相同条件下优先提拔使用法治素养好、依法办事能力强的干部，加强法治工作队伍建设；

（五）建立党委理论学习中心组集体学法制度，每年至少举办 2 次法治专题讲座，加强对党委工作人员的法治教育培训和法治能力考查测试；

（六）其他依法依规应当履行的法治政府建设有关职责。

对地方各级党委重点督察主要负责人履行推进法治建设第一责任人职责，加强法治政府建设的情况，以及党委其他负责人在其分管工作范围内履行相关职责情况。地方各级党委主要负责人应当坚持以身作则、以上率下，带头抓好推进本地区法治建设，加强法治政府建设的各项工作。

第八条 对地方各级政府履行推进本地区法治政府建设主体职责，主要督察以下工作：

（一）认真学习贯彻习近平新时代中国特色社会主义思想，全面落实党中央、国务院关于法治政府建设的决策部署，制订本地区法治政府建设实施规划、年度计划并组织实施，研究解决本地区法治政府建设有关重大问题并及时向本级党委请示汇报；

（二）全面正确履行政府职能，推进政府职能转变和简政放权、放管结合、优化服务，激发市场活力和社会创造力，推动经济社会持续健康发展；

（三）依法制定地方政府规章或者行政规范性文件，加强地方政府规章或者行政规范性文件备案审查和清理工作，全面推行行政规范性文件合法性审核机制；

（四）严格执行重大行政决策法定程序，认真落实政府法律顾问制度、公职律师制度，加强对重大行政决策的合法性审查，切实推进政务公开；

（五）深化行政执法体制改革，推进综合执法，全面推行行政执法公示制度、执法全过程记录制度、重大执法决定法制审核制度，严格执法责任，加强执法监督，支持执法机关依法公正行使职权，推进严格规范公正文明执法；

（六）自觉接受党内监督、人大监督、民主监督、司法监督、社会监督、舆论监督，推动完善政府内部层级监督和专门监督，加强行政复议和行政应诉工作，尊重并执行生效行政复议决定和法院生效裁判；

（七）建立政府常务会议定期学法制度，每年至少举办2次法治专题讲座，加强对政府工作人员的法治教育培训和法治能力考查测试；

（八）积极开展推进依法行政、建设法治政府宣传工作，大力培育法治政府建设先进典型，营造全社会关心、支持和参与法治政府建设的良好氛围；

（九）统筹推进对本地区法治政府建设情况的考核评价和督促检查，对工作不力、问题较多的部门或者下级政府，应当及时约谈、责令整改、通报批评；

（十）其他依法依规应当履行的法治政府建设有关职责。

对地方各级政府重点督察主要负责人履行推进法治政府建设第一责任人职责情况，以及政府其他负责人在其分管工作范围内履行相关职责情况。地方各级政府主要负责人应当坚持以身作则、以上率下，带头抓好推进本地区法治政府建设各项工作。

第九条 对县级以上政府部门履行推进本部门法治政府建设主体职责，主要督察以下工作：

（一）认真学习贯彻习近平新时代中国特色社会主义思想，全面落实党中央、国务院关于法治政府建设的决策部署，制订本部门法治政府建设实施规划、年度计划并组织实施，研究解决本部门法治政府建设重大问题并及时向本级党委和政府请示汇报；

（二）全面正确履行部门职能，推进政府职能转变和简政放权、放管结合、优化服务，激发市场活力和社会创造力，推动经济社会持续健康发展；

（三）依法制定部门规章或者行政规范性文件，加

强部门规章或者行政规范性文件备案审查和清理工作,全面推行行政规范性文件合法性审核机制;

(四)严格执行重大行政决策法定程序,认真落实政府法律顾问制度、公职律师制度,加强对重大行政决策的合法性审查,依法依规履行信息发布和政策解读责任,切实推进政务公开;

(五)依法惩处各类违法行为,落实执法人员持证上岗和资格管理制度,全面推行行政执法公示制度、执法全过程记录制度、重大执法决定法制审核制度,完善执法程序,创新执法方式,严格执法责任,加强执法监督,推进严格规范公正文明执法;

(六)加强和改进行政复议工作,纠正违法、不当的行政行为,尊重并执行生效行政复议决定,努力将行政争议化解在基层、化解在行政机关内部;

(七)自觉接受党内监督、人大监督、民主监督、司法监督、社会监督、舆论监督,推动完善部门内部层级监督,加强对重点岗位的制约和监督;

(八)维护司法权威,支持法院依法受理和审理行政案件，落实行政机关负责人依法出庭应诉制度，严格执行法院生效裁判；

（九）建立部门领导班子定期学法制度，每年至少举办 2 次法治专题讲座，加强对部门工作人员的法治教育培训和法治能力考查测试；

（十）认真落实"谁执法谁普法"普法责任制，加强本部门法治政府建设宣传教育工作，积极总结宣传本部门法治政府建设成功经验和创新做法，大力培育法治政府建设先进典型；

（十一）统筹推进对本部门法治政府建设情况的考核评价和督促检查，对工作不力、问题较多的，应当及时约谈、责令整改、通报批评；

（十二）其他依法依规应当履行的法治政府建设有关职责。

对县级以上政府部门重点督察主要负责人履行推进法治政府建设第一责任人职责情况，以及部门其他负责人在其分管工作范围内履行相关职责情况。县级以上政府部门主要负责人应当坚持以身作则、以上率下，带头抓好本部门推进法治政府建设各项工作。

第十条 对国务院部门和地方各级党政机关工作人员履行推进法治政府建设职责，主要督察以下工作：

（一）认真学习贯彻习近平新时代中国特色社会主义思想，增强“四个意识”，坚定“四个自信”，做到“两个维护”，切实执行党中央、国务院关于法治政府建设的决策部署；

（二）认真学习以宪法为核心的中国特色社会主义法律体系，熟练掌握与本职工作密切相关的法律法规，积极参加法治教育培训；

（三）注重提高法治思维和依法行政能力，想问题、作决策、办事情必须守法律、重程序、受监督，不得以言代法、以权压法、逐利违法、徇私枉法；

（四）依法全面履行岗位职责，严守法定程序，无正当理由不得拖延或者拒绝履行法定职责，不得滥用职权侵犯公民、法人或者其他组织的合法权益；

（五）自觉尊法学法守法用法，大力弘扬社会主义法治精神，认真落实“谁执法谁普法”普法责任制，积极在工作中向人民群众普法，做法律法规的遵守者、执行者、宣传者；

（六）其他依法依规应当履行的法治政府建设有关职责。

第三章　督察组织实施

第十一条　督察单位应当制订督察工作年度计划并按照规定报批，建立督察任务台账，加强督察工作的统筹协调。

第十二条　督察工作主要采取书面督察、实地督察等方式进行。

督察单位组织开展书面督察，应当要求被督察单位进行全面自查，并限期书面报告情况。

督察单位组织开展实地督察，应当深入被督察单位，通过多种形式明察暗访，了解被督察单位实际情况。

第十三条　督察可以采取下列措施：

（一）听取被督察单位以及有关负责人情况汇报；

（二）查阅、复制有关制度文件、会议纪要、执法案卷等；

（三）询问、约谈有关单位和个人；

（四）实地走访、暗访；

（五）对收到的重大违法行政问题线索进行调查、核实或者转交有关部门，必要时可请有关部门予以协助；

（六）其他必要的措施。

第十四条 督察单位可以委托科研院校、专业机构、人民团体、社会组织等对被督察单位开展第三方评估，提出意见建议。

第十五条 督察单位可以就重要指示批示落实、重大行政决策事项、重点领域行政执法等某一方面情况开展专项督察。

专项督察可以根据具体情况选择相应的督察方式或者措施。

第十六条 督察单位开展实地督察，可以成立督察组。督察组进驻后，应当向被督察单位主要负责人通报开展督察工作的目的、安排和要求。

督察组可以邀请人大代表、政协委员、专家学者、新闻记者等方面的代表参加。

第十七条 督察结束后，督察组应当撰写督察报告，客观真实反映被督察单位法治政府建设的进展、成效、责任落实情况以及存在的问题和困难。对存在的问题和困难，应当分析原因、找出症结，提出有针对性的意见建议，并帮助推动解决。

第十八条 督察结束后，督察单位应当向被督察单位反馈督察结果，对存在的问题督促其限期整改。被督察单位应当按照要求整改并及时报告整改情况。

第十九条 督察单位可以通过简报、专报等形式向上级机关和本级纪检监察机关、组织人事等部门通报督察情况或者发现的问题，作为对被督察单位及其领导人员考核评价的重要参考或者监督问责的重要依据。

第二十条 督察单位应当充分运用大数据、云计算等现代信息技术手段，探索推进“互联网+督察”，提升督察工作精细化和信息化水平，提高督察工作效能。

第二十一条 督察工作人员应当严格履行职责，如实评价被督察单位，不得故意隐瞒或者夸大督察发现的问题；严格遵守中央八项规定及其实施细则精神和各项廉政规定，做到厉行节约、廉洁自律、公开透明，严防形式主义、官僚主义，自觉接受监督。

第二十二条 对在法治政府建设中工作成绩突出的地区、部门以及作出重要贡献的个人，可以按照国家有关规定给予表彰或者奖励。

第四章 年度报告

第二十三条 每年4月1日之前，各省（自治区、直辖市）党委和政府、国务院各部门应当向党中央、国务院报告上一年度法治政府建设情况，同时抄送中央全面依法治国委员会办公室。

每年3月1日之前，县级以上地方各级政府部门应当向本级党委和政府、上一级政府有关部门报告上一年度法治政府建设情况，同时抄送本级督察单位；县级以上地方各级政府应当向同级党委、人大常委会报告上一年度法治政府建设情况；省级以下地方各级党委和政府应当向上一级党委和政府报告上一年度法治政府建设情况,同时抄送上一级督察单位。

第二十四条 每年4月1日之前,地方各级政府和县级以上政府部门的法治政府建设年度报告,除涉及党和国家秘密的,应当通过报刊、网站等新闻媒体向社会公开,接受人民群众监督。

第二十五条 法治政府建设年度报告主要包括以下内容:

(一)上一年度推进法治政府建设的主要举措和成效;

(二)上一年度推进法治政府建设存在的不足和原因;

(三)上一年度党政主要负责人履行推进法治建设第一责任人职责,加强法治政府建设的有关情况;

(四)下一年度推进法治政府建设的主要安排;

(五)其他需要报告的情况。

第二十六条 督察单位应当督促下一级地方党委和政府、本级政府部门按时报送和公开年度报告,对未按照要求报送、公开的,应当通报批评。

第二十七条 督察单位可以邀请人大代表、政协委员、专家学者、新闻记者、政府法律顾问或者委托第三方机构对已公开的法治政府建设年度报告提出意见或者进行评议,有关意见、评议结果应当向被督察单位反馈,并可以向社会公开。

第五章 责任追究

第二十八条 法治政府建设责任追究应当根据《中国共产党问责条例》、《中华人民共和国监察法》、《行政机关公务员处分条例》以及相关党内法规、国家法律法规规定的权限和程序执行。

第二十九条 督察工作中发现被督察单位及其工作人员有下列情形之一的,督察单位应当移送有关单位依纪依法进行责任追究:

(一)对党中央、国务院的法治政府建设决策部署懈怠拖延、落实不力,影响中央政令畅通,造成严重后果的;

(二)制定的规章、行政规范性文件违反宪法、法律、行政法规，破坏国家法制统一的；

（三）违纪违法决策或者依法应当作出决策而久拖不决，造成重大损失或者恶劣影响的；

（四）执法不作为或者乱执法、执法牟利、粗暴执法等，侵犯公民、法人或者其他组织合法权益造成损害的；

（五）违纪违法干预监察工作、行政执法、行政复议或者司法活动，或者拒不执行生效行政复议决定、法院生效裁判的；

（六）在行政复议工作中失职渎职、徇私舞弊、违法违规的；

（七）其他不履行或者不正确履行法治政府建设职责，依法依规需要追责的情形。

第三十条　督察单位可以建立重大责任事项约谈制度、挂牌督办制度，对存在第二十九条规定情形的地方或者部门，督促其限期完成有关查处、整改任务。

第三十一条　督察单位可以建立典型案例通报、曝光制度，除涉及党和国家秘密的，在一定范围内进行通报或者向社会曝光。

第三十二条 被督察单位及其工作人员违反本规定,有下列行为之一的,依纪依法予以责任追究;涉嫌犯罪的,移送有关机关依法处理:

(一)以各种借口拒绝、阻碍或者干扰督察工作的;

(二)拖延或者拒绝提供与督察工作有关的资料,或者伪造相关情况、提供虚假资料的;

(三)未按照要求进行整改或者拖延、拒不整改的;

(四)打击、报复、陷害、刁难督察工作人员或者反映情况的单位和个人的;

(五)其他妨碍督察工作的行为。

第三十三条 督察工作人员违反廉洁自律规定,或者滥用职权、徇私舞弊、玩忽职守的,依纪依法给予处分;涉嫌犯罪的,移送有关机关依法处理。

第六章 附 则

第三十四条 本规定由中央全面依法治国委员会办公室负责解释。

第三十五条 本规定自2019年4月15日起施行。

ISBN 978-7-5197-3475-6
9 787519 734756 >
定价：4.00元